# 让你年轻的姿态

いくつになっても美しい人のしぐさ

[日] 中井信之 著　陆贝旎 译

机械工业出版社
CHINA MACHINE PRESS

IKUTSU NI NATTEMO UTSUKUSHII HITO NO SHIGUSA
Copyright © 2019 by Nobuyuki NAKAI
编集助理 今泉爱子
First original Japanese edition published by PHP Institute, Inc., Japan. Simplified Chinese translation rights arranged with PHP Institute, Inc. through Shanghai To-Asia Culture Co., Ltd.

本书由 PHP 研究所授权机械工业出版社在中华人民共和国境内地区（不包括香港、澳门特别行政区及台湾地区）出版与发行。未经许可的出口，视为违反著作权法，将受法律制裁。

北京市版权局著作权合同登记 图字：01-2020-0399 号。

## 图书在版编目（CIP）数据

让你年轻的姿态／（日）中井信之著；陆贝旎译．
— 北京：机械工业出版社，2021.2
ISBN 978-7-111-67252-4

Ⅰ.①让… Ⅱ.①中… ②陆… Ⅲ.①形体-训练 Ⅳ.① G831.3

中国版本图书馆CIP数据核字（2021）第002946号

机械工业出版社（北京市百万庄大街22号 邮政编码100037）
策划编辑：仇俊霞 李妮娜 责任编辑：仇俊霞 李妮娜
责任校对：潘 蕊 封面设计：钟 达
责任印制：孙 炜
北京联兴盛业印刷股份有限公司印刷

2021年4月第1版第1次印刷
128mm×187mm·6.625印张·2插页·97千字
标准书号：ISBN 978-7-111-67252-4
定价：59.80元

电话服务 网络服务
客服电话：010-88361066 机 工 官 网：www.cmpbook.com
　　　　　010-88379833 机 工 官 博：weibo.com/cmp1952
　　　　　010-68326294 金 书 网：www.golden-book.com
**封底无防伪标均为盗版** 机工教育服务网：www.cmpedu.com

# 前 言

**人们总想永葆青春美丽。其实,这个愿望并不难实现。**

由内而外散发的光彩可以让我们显得年轻而富有朝气,这与年龄毫无关系。

我们作为生物,到了生命的一定时期,就会开始渐渐老化。皮肤不再娇嫩,行动变得迟缓,这都是自然现象。与衰老斗争的最后结果只有失败,所以抗衰老之路总是越来越难走。

但是有一些女性,即使到了六十岁,甚至八十岁,却依然看上去很年轻。这是为什么呢?

其实,人看上去年轻与否,最主要的影响因

素是心理状态。**如果能够开朗、愉快地度过每一天，保持好心情，整个人自然而然就会流露出年轻感。**

美丽也是一样的。年龄渐长的女性所追求的，未必就是那种能赢得选美比赛的美丽。在本书中登场的各位女性，多是**以磨炼自我为目的，而非为了与谁比美。知足常乐的生活所孕育的美丽，也会为周围的人带来幸福。**

在本书中我要向你介绍的，就是培养这种心态的方法。

多年来，我的工作对象就是有志于成为明星、模特和女演员的人，我在演技、日常言行举止和拍照时的动作、姿态等方面指导他们。因为拥有这样的经验，我常常自称"造型指导"。

现在我经常有机会在专科学校或时装学院、企业培训班等场合授课，也常为专业表演者做顾问。

曾经我自己也以成为一名演员为目标，热衷于戏剧表演。从这段经历中，我养成了以戏剧化的方式去观察别人的行为举止的习惯：紧张、兴奋的时候，人的表情是什么样的？悲伤的时候，人的举止又会有什么样的变化？

那么，被周围的人公认"美丽优秀"的女子到底是在哪些方面与众不同的呢？在舞台上，我发现，演员通过研究人无意识中做出的动作和姿态，然后有意识地进行模仿，能够丰富自己的演技。就这一点来说，现实世界和戏剧世界其实是相通的。

**女性如果能够熟练地活用姿态，就能自然地掌握自我表现的方法，变得越来越美丽。**

至今为止，我指导过的女性超过七千人。我亲眼见证了从事各种职业、年龄各不相同的女性在姿态上迅速发生的变化。在她们当中，有许多五十几岁、六十几岁，甚至更为年长的女性。

通过学习优美的姿态，身体产生了良性的变化，意识到这个变化的你会萌生一种"自己的身体自己掌控"的感觉。如此，你会变得更加自信，你的外表也会变得更加美丽。

**无须仰赖他人，无论环境如何，坚守自我而生活的感觉，会使你充满生机，光彩照人。**"真年轻啊""看上去好开心啊"——周围的人会对你发出由衷的赞叹，你会越来越朝气蓬勃，而且你这种愉悦、畅快的心情也会感染身边的人。

我也是常常被这种好心情所感染的一员。

**本书的目标，就是令各位读者也能获得如上述女性那样的美丽。心中充满幸福的女子，无论到了几岁都是美丽的。**

本书介绍的姿态，不仅包括了举止和态度，也包括对于生活中的行为的重新审视，以及一些类似于锻炼的活动身体的方法。

随着年龄的增长，很多女性的行动都会开始变得迟缓，所以从日常动作开始练习更为有效。

通过锻炼自己的身体，你会感到自己的动作比过去更加轻松。这份自信会使你成为一名年轻美丽的女子。

那么,你所希望自己能够拥有的,又是哪一种美丽呢?是幸福的气场,飒爽的活力美,还是高雅的女性魅力呢?

一直以来,我为许多女性提供了与美相关的建议,从这些经验中,我发现女性的美丽是因人而异、各有千秋的。

因此在本书中,我分为五章来介绍和分析女性的美丽。每一章都有一个目标,比如如何释放出幸福气场,如何给人以爽朗的印象,等等。读者在阅读的同时,应该也能更为清晰地认识到"我想成为什么样的人"吧。请各位读者尝试一下,首先试着在日常生活中开始采取那些自己能够做到的姿态。

其实,从开始阅读本书的这一刻起,你就已经在开始向年轻美丽的女性蜕变了。

中井信之

2019 年 2 月

# 目 录

前 言

## 第1章 打造幸福自我的起始姿态

### 晨起和梳妆时就能轻松练习的姿态

01 睡醒后的"辗转式起床" / 006

02 塑造美丽姿态的"芭蕾蹲式刷牙" / 010

03 晨间的穿衣打扮要用心 / 014

04 慢梳秀发 / 017

05 改善驼背的穿鞋法 / 021

### 日常做家务或看电视时就可以自然养成良好的体态

01 具有提臀效果的"晾晒深蹲" / 028

02 减轻腰腿负担的"扎垃圾袋拉伸" / 031

03 脚掌和脚趾的伸展运动 / 033

04 在臀下放个小球,边看电视边按摩 / 035

## 第 2 章　给人以朝气蓬勃之印象的姿态

### 走、站、坐……这些容易体现年龄感的动作是关键

01 用大脚趾发力的"健步走" / 043

02 目视远方的"缓步走" / 046

03 锻炼躯干的"单脚练习" / 048

04 等车时不妨做一做"直立踮脚" / 051

05 可以瘦肚子的"真空吸腹" / 054

06 两个步骤起立法 / 057

### 笑一笑，十年少；舞一舞，心情好

01 如何"制造"生动的笑容 / 064

02 放松心情的简单舞步 / 066

03 像舞台上的女演员那样运用双手 / 070

## 第3章　给人以帅气飒爽之印象的姿态

### 和亲近的朋友在一起时，也要注意给周围人的印象

01 走路时不要贴在一起"跳排舞" / 077

02 美术馆中的礼节：向"老干部式背手"说再见 / 080

03 不乱摸，不乱碰 / 082

04 拍出好照片的秘诀是 / 084
　　"前倾、遮挡、侧转" / 084

05 碰面时举手招呼的"Hello 效应" / 090

### 认真工作或享用美食时专注的姿态

01 感到身体蜷曲时，赶紧做"办公桌伸展" / 097

02 咀嚼 30 次的"细嚼慢咽减肥法" / 100

03 如厕时的"转体运动" / 104

04 灵活改变距离和角度的"接近式谈话" / 106

05 挺直腰杆的"歌手站姿" / 110

## 第4章　给人以可爱婉约之印象的姿态

### 再小的动作和姿态都能看出你是否用心

01 营造优雅氛围的"小指垫" / 119

02 消除焦虑的"清心呼吸法" / 120

03 改变场所，改变心情 / 122

04 稳当服帖的"腋下包" / 125

05 合上的包与交叠的手 / 127

06 像百合花一样倾斜脖子 / 130

07 说话时不要用手挡住嘴 / 132

08 让上臂变细的"购物袋后摆" / 133

09 如何优雅地提塑料袋 / 135

10 不失风度的坐姿："合拢膝盖" / 137

11 上下车也要"合拢膝盖" / 140

12 选择"电子支付"的付款方式 / 143

### 借助服装等外表的力量，展示成熟的魅力

01 使人年轻的"三角形"轮廓 / 150

02 美丽站姿法则：脸与重心所在脚的朝向不一致 / 152

03 优雅站姿法则：稍微倾斜膝盖 / 155

04 两脚开立站姿法则:一双舒适的运动鞋 / 158

05 在服饰轮廓中加入"不安定因素" / 160

## 恋爱模式升级:加深与伴侣的感情

01 喝茶和用餐都要慢慢悠悠 / 165

02 让表情生动起来的"双重提拉" / 169

03 随声附和的"积极倾听" / 172

04 充满女人味的触摸 / 174

# 第5章 愉快度过一天之后的结束姿态

## 拉伸和沐浴助你好眠

01 浴室里的"泡澡拉伸" / 181

02 舒展腰腿的"抬膝运动" / 185

03 恢复干劲的"自我冥想" / 189

04 按摩脸部,关爱自己 / 193

05 入睡前的准备 / 195

尾 声 / 198

第 1 章

# 打造幸福
# 自我的
# 起始姿态

让 你 年 轻 的 姿 态

# 晨起和梳妆时
# 就能轻松练习
# 的姿态

散发着温柔的光彩，笼罩在幸福气场中的人，看上去每天都过得很愉快。

所谓气场，是人体散发的一种肉眼不可见的能量。有时候，当我们看到一个容光焕发的人，会不由地称赞："那个人可真有气场。"这样的人总是活泼开朗，精力充沛，拥有着自然而然就能够吸引别人的魅力。

但气场并不是想有就能有的东西。它是自然流露的。那么，幸福气场到底从何而生呢？

首先，你需要在日常生活中感受到许多"幸福"。

年龄就像杯中水,杯子就是寿命。

当看到杯中盛着半杯水时,有的人会感到着急:"只剩一半了呀。"有的人却会摆出一副悠闲的姿态:"还有一半呢。"拥有这两种不同心态的人,度过今后人生的方式当然也是大不相同的。请注意,谁都无法预知杯子的大小,也就是寿命的长短。

既然如此,与其对年龄耿耿于怀,不如尽情幸福快乐地过好每一天。

幸福这个词在日语里原本写作"仕合わせ",也就是幸运,即"时运甚佳"的状态。天公作美和乐享美食都是"仕合わせ"。比如,乘车坐过站未尝不是一种幸福,说不定就是因为这一次的错过,助你躲过了某个巨大危机。

**每天都有无数个能够让你感到幸福的瞬间。延续着这样的生活,总有一天你的身体也会散发出幸福的气场。**

本章的目标就是让你通过姿态来使自己达到

上述状态。

**要开始塑造一个幸福满满的自己，最合适的时间就是早晨了。**

一夜好眠后，你迎来了早晨，经过充分休息的身体重新活跃起来。用专业语言来说，在这段时间里，自律神经中负责让你的身体休息的副交感神经变得迟钝，而负责身体活动的交感神经则开始更多地发挥作用。所以，这时候你会比较容易建立起积极的心态。

**在这里，首先要向你介绍的是早晨的姿态。如果能够做到精心度过每个早晨，开始美好的一天，你的心态就会变得更为积极向上。这在一定程度上也有助于缓解压力。**

后半部分的内容主要是关于一天中其他时候的姿态。通过给予容易衰弱的肌肉一定的刺激，可以使你的动作变得更为灵活。

那么就让我们开始吧。

## 01_ 睡醒后的"辗转式起床"

早晨,当你在被窝里醒来的时候,心情如何呢?并不总是开开心心的吧?有时怎么也爬不起来,有时大清早就觉得心情低落。

其实,睡醒时你需要的是不受情绪影响的、缓慢的起床姿态。

侧身睡或趴着睡的人,首先请使身体仰卧,接着呼吸一次,然后翻转身体形成侧卧的姿势,这时再以肘支撑,使上半身慢慢起来。尽量一边吐气一边起身。

▶▶ 007

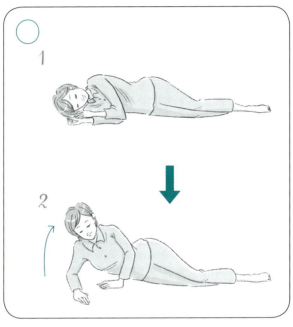

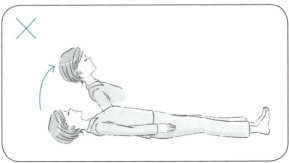

有的人习惯猛地一下就起床了,这样的人也请注意要放缓速度。晨起时的快速动作,常常会造成"闪腰"。

闪腰的时候,你可能会觉得骨头好像咔嚓一声断了。但实际上,骨头本身并没有受到损伤,闪腰其实是连接脊梁骨(腰椎)和腿部(大腿骨)的腰大肌,在某个稳定的状态下突然因外力作用引起的肌肉疼痛。

有人会说:"我还不到那样的年纪呢。"但其实这样说的人也应该开始注意了。

在很多人的印象中,肌肉本身是会拉伸的。但其实肌肉运动是收缩运动。一侧肌肉收缩时,其反面的肌肉则被拉长。

**活动肌肉时的基本要领是:用力时吐气,而放松力气时吸气。肌肉与呼吸的关系是很重要的。**所以起床时,应该一边吐气一边起身。

随着年龄的增长,人的行动会自然而然变得缓慢。也许有人已经开始觉得最近身体有些迟钝了。有时这种迟缓的举止会给周围的人带来一种阴郁、无力的印象。

"辗转式起床"法的要领在于让腰部缓慢地动作，以此达到保持全身良好状态的目的。这样做可以预防腰痛。而且我也特别推荐已经感到腰痛的人采用这种起床方式。慢慢舒展身体后，再用肘部支撑身体起来，这样能够帮助腰部更为顺畅地活动。

肌肉运动顺畅、自然的早晨，会给你一个好心情。而这份好心情也关系着你能否获得幸福气场。

早上时光的度过方式，
可以决定你的一整天

## 02 塑造美丽姿态的"芭蕾蹲式刷牙"

人的动作关键靠腰。当你让腰部慢慢地开始活动之后,**下一步要确认的是骨盆的位置**。如果骨盆处于一个正确的位置,那么你就能感觉到脊背有轻快的舒展感,腿和腰的动作更为敏捷,走姿也会变得更为优美。

所以这里要向你介绍一种在每天刷牙的时候就能进行骨盆矫正的姿势。

动作要领如下:两脚开立比肩宽,脚尖外张。肢体柔软的人,脚尖外张的角度可以大一些。但身体较为僵硬的人，请注意不要勉强自己硬来，以免伤到膝盖。

完成这个动作需要弯曲股关节、膝关节和踝关节三个部位。缓慢下蹲后起身，让身体回到原本的位置。

下蹲的深度，以自己感觉舒适为标准。即便

只下蹲 5 厘米也能带来足够的效果，所以深度大小其实没有关系。这个动作，在古典芭蕾中被称为"普利耶"。

练习这个动作时，请注意，尽量要让骨盆与地面垂直。

如果肚子向前挺，臀部向后翘，骨盆就会前倾；而下巴前伸，驼背弓腰则会导致骨盆后倾。只有垂直下蹲，才能让你的脊背舒展，形成年轻美丽的姿态。

**长年练习芭蕾、击剑或者马术的人，往往到了年老时也能保持优美的姿态，正是因为他们对这种劈叉式的动作习以为常了。摆正骨盆的位置，可以帮助你挺直脊背，从而塑造年轻美丽的姿态。**

刷牙时不停地做普利耶可能有些难度。你也可以选择下蹲后保持静止，这样也能带来很好的效果。如果觉得下蹲后的姿态不够稳定，那么也可以将背部倚靠在墙壁或别的支撑物上，保证身体不会晃动。请根据自身情况尝试最适合自己的次数和方式。这个动作能够锻炼大腿内侧肌肉，也能够起到瘦腿的作用。

骨盆决定了你能否
拥有年轻的姿态

## 03 晨间的穿衣打扮要用心

我们每天都在无意识地重复着选择着装的行为。其实在决定好穿什么衣服的瞬间,我们也决定了自己将如何度过这一天。

穿衣打扮的时候要想一想:今天会与谁见面?要做些什么事?

手臂穿过衣袖,衣衫从头部罩下,脸从领口探出,整理衣领,检查后背是否服帖——这些都是十分讲究,并且富有女性气质的行为。

当然,**没有必要每天都打扮得格外时髦**。如果你喜欢，完全可以像每天都穿着黑色高领套头衫的史蒂夫·乔布斯那样，一直穿同样的衣服。

世界级的时尚设计师川久保玲女士喜欢穿机车夹克，而我的一位珠宝设计师朋友总是一身白衬衫的模样，她们身上散发着强烈的信念感，完全不显老态。

但无论选择穿什么样的衣服，也要留意穿衣时的姿态，这也是为了让你的内心为这一天接下来的时光做好准备。如果这一天要和亲密的友人聚会，那么你在打扮自己的时候一定会心情雀跃吧；但如果这一天要出席工作上重要的会议，那么从挑选衣服的时候开始，你就会处于一种紧张状态了。

有人觉得最好是在前一天准备好第二天要穿的衣服，这样早上就不会慌慌张张的。但是我个人建议，除了需要特别对待的日子之外，还是根据当天的心情或者当时的灵感来穿衣为好。

希望你能利用穿衣打扮的这段时间,想一想自己打算怎么度过这一天。"愿今天也是美好的一天"——这样充满期待的心情会让你的每一天都变得更加充实。

### 自己的风格自己决定

019

如果在意发量，也可以使用假发。**爱护头发就是爱护自己。**慢梳你的秀发，它能帮助你更好地展现自己独有的气质。

整洁、服帖的头发，会给你的一天带来好心情。所以，梳头发的时候切记要慢，也要认真哦。

---

爱护自己，展现自己

---

## 05  改善驼背的穿鞋法

人的脊柱呈 S 形。脊柱的这种弯曲起到了缓冲作用,因此它才能够支撑我们沉重的头部。**驼背的原因是骨盆后倾。很多工作时需要久坐的人都有这个毛病,因为他们的大腿内侧十分僵硬。**

当你处于坐姿的时候,如果坐得较浅,臀部靠前而背部靠后,重心放在背部,就会呈现出仰躺一般的姿势,这时你的骨盆就是后倾的,你大腿内侧的肌肉也会因此而变得僵硬。

第1章
打造幸福自我的起始姿态

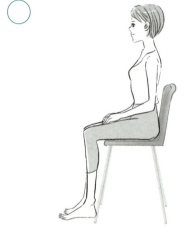

骨盆处于正确位置的坐姿

骨盆后倾造成驼背

从这种坐姿中站起来的时候，随着骨盆被牵动，为了保持身体的平衡，你的头会自然向前探，这样就导致了驼背。但是，这个问题可以利用借助长柄鞋拔穿鞋时的姿态来改正。

首先，在使用长柄鞋拔的时候，你的手可以握在它的①手柄、②中部和③勺身这三个位置上，请自行选择。如果采用第①种握法，并且手握在手柄靠下的部位，那么穿鞋时腿部肌肉因拉伸而产生的负荷感就会变得强烈。

那么，现在就请你来尝试一下这种可以通过利用穿鞋的时间来改善驼背问题的姿势吧。

动作要领如下：穿鞋时一手拿着鞋拔，一手扶住膝盖。这时，大腿内侧应有拉伸感。尽量一边吐气一边做动作。

如果大腿内侧没有明显的拉伸感,那么手握鞋拔的位置可以再放低一些。穿高跟鞋的时候,可以扶住其他更为稳定的支撑物,以保持平衡。

---

**脊柱稳定的 S 形曲线是年轻姿态的基础**

---

# 日常做家务或看电视时就可以自然养成良好的体态

上文中我为你介绍了可以利用早晨时间练习的姿态。

下面要介绍的姿态非常简单,在做家务的时候,或者看电视的时候就可以练习,希望你把它们加入到每日的必修课中。

**幸福气场不会突然产生,所以在生活中要付诸努力。**有些人会选择去健身房,有些人会买来各种器械进行锻炼,但如果他们不是非常有毅力的人,就很难一直坚持下去。而姿态练习就不一样了,它是你在"不知不觉"中养成的习惯。

某位八十多岁的女士喜欢把每天都要用到的餐具放在碗柜的最上层,因为这样一来,每一次当她需要取用这些餐具时,就必须做出伸展腰背的动作了。这是日常生活中十分普通的一个动作,老太太却想到了可以用它来锻炼身体,而且每天都在坚持。这样的心态充满了活力,一点也不像耄耋之年的老人。

**接下来我要介绍的姿态,每一个都是你在日常生活中很方便就能做到的简单动作。让人年轻的姿态离不开肌肉的良好状态,这些动作有的可以放松肌肉,有的可以强化肌肉力量。如果其中有让你觉得挺有意思的姿态,那就请让它们变成你生活的一部分吧。**

虽然下了决心每天都要坚持,但是有时候也难免会忘记。如果偶尔忘了练习,请不要自责,否则幸福气场可要离你而去了哦。

发现自己忘了练习这件事本身也是值得表扬

的。既然记起来了,重新开始就好。

如果很忙,那么中断一段时间也没关系。从结果来看,做好这样的思想准备,能帮助我们更长时间地坚持练习。不要焦虑,也不要心烦,要保持放松的心情。

## 01 具有提臀效果的"晾晒深蹲"

优美的站姿和走姿,离不开腿部和腰部的力量支持。

走路时明明地上什么障碍都没有却还是会被绊倒,在家里一不小心脚尖就踢到各处边边角角——这些情况是不是有增加的趋势?**随着年龄的增长,不知不觉间腿脚的行进方向开始变得难以控制了。**

为了改善或预防这样的情况,在晾晒洗好的衣物时,我们可以练习下面这个动作。

029

将装有洗好的衣物的篮筐放在身前,分开双脚与肩同宽,一边上下蹲起,一边取出衣物晾晒。这是与"芭蕾蹲式刷牙"(第 11 页)相同的动作。

从一次开始逐渐增加次数。如果可以做到 5 次以上,那就很了不起了。当腿部和腰部产生疲劳感时,就可以停下来了。即使只做一两次也很有效。蹲下时吸气,起身时呼气。蹲得不那么深也没关系。如果膝盖疼了,请马上中断练习。

这个姿势并不优美,但可以强化腿部和腰部的肌肉力量,美化臀部和腿部的曲线。

## 02  减轻腰腿负担的"扎垃圾袋拉伸"

**在椅子上久坐会导致身体肌肉萎缩。** 如果任其发展,就会造成骨盆后倾,臀部下垂。如此,人的行动也会变得迟缓。

为了防止出现这种情况,我们可以在丢整袋垃圾之前,在要扎紧袋口的时候,**通过完全的下蹲动作来使小腿肚和跟腱得到拉伸。**

两脚分开与肩同宽,脚尖呈八字形站立,正常蹲下,脚跟贴地,扎紧垃圾袋。站起时,保持脚跟贴地,将臀部抬起,这时你应该会感到大腿内侧肌肉有拉伸感。

如果你无法按照上述姿势完全下蹲，那么可以将两脚分得更开一些，超过肩宽也无妨。

拉伸臀部周围、大腿前侧、小腿肚和腹部的肌肉，可以消除骨盆不正的问题，从而使我们的身体变得不易疲劳。

## 03  脚掌和脚趾的伸展运动

我们的脚是由三个弓形构成的。我们之所以可以进行较长时间的行走而不觉得腿脚疲劳，正是因为这些弓形结构发挥了缓冲震荡的作用。

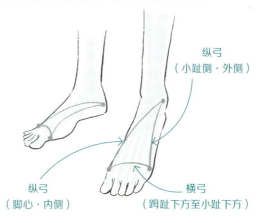

纵弓
（小趾侧·外侧）

纵弓
（脚心·内侧）

横弓
（跨趾下方至小趾下方）

如果足弓失去了柔韧性，其缓冲作用就会减弱。让我们通过拉伸，恢复足弓的柔韧性吧。只需要在下蹲时扶住膝盖，同时伸展脚趾和脚掌。保持这个动作20秒左右，就可以使足部僵硬的肌肉得到放松。

**流畅的步伐需要足弓的支持**

## 04  在臀下放个小球，边看电视边按摩

缺乏运动会导致臀部变得僵硬，失去圆润的曲线。如果有此困扰，不妨试试利用看电视的时间对臀部肌肉加以小小的刺激，促进血液循环，舒缓肌肉，使臀部重获弹性。

当你坐在沙发上看电视时，就可以在臀下自己觉得舒适的位置放一个小球，用它按摩臀部，对此处肌肉进行刺激。可以使用网球或高尔夫球。不同的日子使用不同种类的小球，这也是乐趣之所在呢。

第 1 章 打造幸福自我的起始姿态

036 ▶ ▶

打造适合裤装的臀部曲线

第 2 章

# 给人以朝气蓬勃之印象的姿态

让 你 年 轻 的 姿 态

## 走、站、坐……
## 这些容易体现年龄
## 感的动作是关键

歌手麦当娜在接受采访时，经常被问到一个问题。

"您的事业已经十分成功了，还不打算引退吗？"

她的回答是："你会问一个功成名就的电影导演还要不要继续拍电影吗？"

麦当娜已是一个乐坛传说般的存在了。如今，她依然在对自己所演绎的"麦当娜"这个角色进行不断的创造，并且乐此不疲。

在她的演出中,有一个场景令我印象深刻。当时正在一场演唱会进行中,场馆的灯忽然全部熄灭,现场变得一片漆黑。

音乐声停了,我正在奇怪到底怎么了,这时,突然一束强光落下,照亮了麦当娜。她高喊:"实现梦想!"随即引吭高歌。那真是让人兴奋不已的瞬间。

麦当娜的出身环境并不优越,她也没有超乎寻常的歌喉,但她还是实现了自己的梦想。直到今天,她仍未止步于已经取得的成就,依然在不断地探索着新的自我。

**看到她那充满活力的模样,你会发现,年轻的状态和年龄毫无关系。**

当然,我们不可能都和麦当娜一样以"创造"自我为工作。但是,在她所呈现的姿态中,有许多值得我们学习的地方。请不要因为觉得自己老了而退却,继续探寻新的自我,这个过程会让我们永远年轻。

剪一个新发型,或者换一家超市购物,又或者提早 30 分钟去上班,在这些小小的变化中,说不定就可以发现一个新的自己。

**一位拥有自己热爱的事业或爱好的女子,无关年龄,都会给人以朝气蓬勃、充满活力的印象。**不仅麦当娜这样的名人如此,普通人也如此。

我曾经因为舞台剧演出的工作,与宝冢歌剧团的一位女演员合作。这位女演员有一位忠实的粉丝。许多年来,这位粉丝看过不知多少场她的公演。

这个粉丝的年龄大概是七十几岁吧。她说,因为演出当天是能够见到自己最喜欢的女演员的日子,所以她会在几天前就开始让自己的身体状态做好准备。

她讲述演出当天自己是如何穿衣打扮的样子

时，实在是容光焕发。说起来，那些热衷于追星的女性朋友们，也总是很有活力呢。所以说，对于某件事的热爱，也是保持年轻的秘诀之一。

**本章要介绍的，就是能够让我们看上去朝气蓬勃、青春焕发的姿态。**

## 01  用大脚趾发力的"健步走"

走路的方式体现着一个人的年纪。有一次,我透过窗户看到一个形貌懒散的人拖拖拉拉地走过来,正想着这人怎么回事啊,定睛一看,原来是我自己映在窗玻璃上的模样。于是,我马上就开始研究起走路方式与年龄感的关系。

会让人感到你上了年纪的走路方式有两个特征。**一是身体过于放松。**当你走路时挺直身体,自然地摆动手臂、晃动肩膀,这样的步行姿态就会显得敏捷利落。但如果你是在没有挺直身体、摆正身体轴线的前提下,一边走路一边摆臂晃肩,那么无论如何你的步伐看起来都是摇晃不定的。这是因为，在后一种情况下，你没有使用臀部的肌肉。

**你可以通过观察鞋底来确定自己的走路姿势。如果脚跟外侧的位置磨损严重，而大脚趾的位置没有什么磨损，那么这就是走路拖沓的证据，可要注意了。**

在步行过程中，通常我们会在迈出去的那只脚的脚跟落地时，开始有意识地调整姿态。比如说，计算步数的时候，一般也会抓着脚跟着地的时机计数。

**但其实我们更应该关注的是，后面那只脚的大脚趾向地面施力时，身体一下子向前探出的那个瞬间。只有这样，行走时才会显得有气势。**

这才是利落的步态。习惯这种走路的方式后，自然而然的，从脚跟开始，到小腿肚，再到臀部，你会开始留意这些部位在行走时的状态。从而养成矫健的行走姿态。请你务必尝试一下。

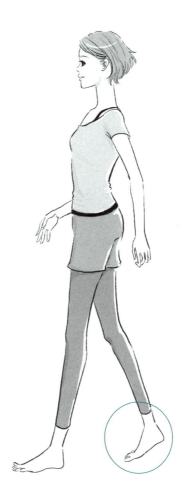

## 02 目视远方的"缓步走"

使人显老的行走方式还有另一个特征：**驼背和骨盆后倾**。在第 23 页，我已对通过"穿鞋法"改善驼背的姿态进行了说明。在这里，我主要想介绍一下具有同样效果的走路方式。

那就是，行走时保持目视远方。

**请把视线放在距离自己大约 15 米远的地方。** 如此，你的头就不会低下。15 米大概是 4 个车道的宽度，你可以想象一下大马路的人行横道对面，或者两根电线杆之间距离的 1/2。

行走时，无须弯曲手臂，让它们自然垂下即可。步伐轻快，仿佛正在欢快地走过一片美丽的草地。

**这样的步态，也会让旁人感到愉快。如果可以，请试着将步幅稍微增大一些。这会使你的步子更加轻盈，并且充满节奏。** 这就是充满活力的步态应有的模样。

行走是一切动作的基础。古时候人们追捕猎物，收割庄稼，靠的都是两条腿。希腊神话中有一位狩猎女神阿尔忒弥斯，她的雕像就被刻画为大步奔走，追逐猎物的模样。那样的姿态，充满了动人的力量，充满了年轻的活力。对我们人类来说，行走包含着积极向前的寓意。

血清素是一种存在于大脑内的神经传递物质，它能够稳定我们的情绪，让我们感到快乐。肌肉运动，比如步行就可以引起血清素的蓄积。时间充裕的人，最好能在早晨，迎着朝阳散一会儿步。这样可以帮助我们积累幸福气场哦。

———

**通过充满节奏感的步行积累幸福气场**

———

## 03 锻炼躯干的"单脚练习"

锻炼躯干,即身体的中心部分,可以帮助我们更好地保持身体轴线,打造更年轻的姿态和步态。

①单脚站在台子上,另一只脚前后摆动。每只脚至少做10次。

①

②收紧腹部,特别要注意肚脐周围,保持收腹,用一条腿的膝盖去碰触另一条腿的膝盖。

③将一条腿抬起至另一条腿膝盖的高度,从正前方向侧面摆动,然后再回到正前方的位置。习

② ③

惯这个动作后,将手臂举过头顶,重复同样的动作。

锻炼躯干的运动有很多。女士在家中非常简单就能进行练习的,就是这种单脚练习。因为当我们单脚站立时,自然地就会意识到自己身体的中心在哪里。请你务必要试一试哦。

## 04  等车时不妨做一做"直立踮脚"

穿着高跟鞋的女子的背影总是给人以一种成熟干练的印象,她们的跟腱轻巧地自脚跟向上延伸,形成优美的形状。

在我们行走、跑动和跳跃时,跟腱发挥着重要的作用。抬脚时它带动脚跟抬起,落地时它和脚尖一起承受我们的体重。

现在我要介绍一种参考了芭蕾舞课程的动作姿态,它可以帮助我们获得漂亮的跟腱、纤细的脚踝和紧致的小腿肚,名为"直立姿态"。

第 2 章

给人以
朝气蓬勃　　052 ▶ ▶
之印象的
姿态

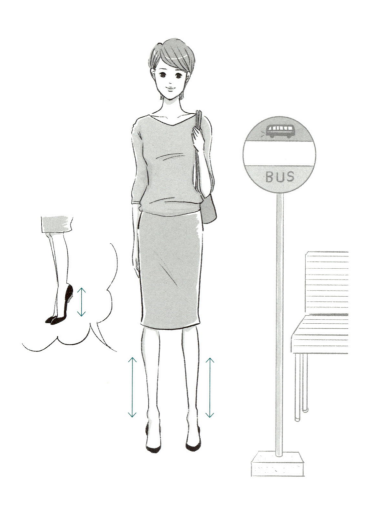

如果今天你穿了软底鞋，那么在车站等车或者在超市排队付款的时候就可以开始练习了。

首先，站立时两脚分开，幅度比肩宽窄一点，脚尖平行。挺直身体，想象一下有东西在将你的头部向上拉的感觉，同时提起脚跟，将重心落在大脚趾跟部。反复进行这个踮脚的动作，可以锻炼小腿肚的肌肉。

习惯这个动作之后，可以在踮起脚后保持5秒左右，再将脚跟落下，如此效果更佳。

流畅优美的下肢线条是年轻的象征

## 05) 可以瘦肚子的"真空吸腹"

随着年龄的增长,我们的肌肉力量会减弱,这一事实最为残酷的体现就是凸出的小肚子了吧。所以接下来我们要探讨的就是这个女性永远的课题。

保持腹部平坦,不但让你整体看上去灵巧苗条,也会让你的行动变得轻快敏捷。我推荐你在电车上站着的时候,采用这种姿态。

要领在于,尽可能吸气收腹,试着想象用肚脐去触碰脊柱。这个状态叫作"增加腹压",此时我们收缩的是腹部深处的腹横肌,而不是表层的腹直肌,所以收腹的效果非常好。

每一次收缩至少保持 30 秒,如果时间充裕,可以做 10 次左右。

如果无法很好地掌握上述动作要领,那么请在躺着的状态下,试着吸腹。记住此时腹部如何凹陷下去的感觉,下一次就可以尝试在站立时做这个动作了。

## 06  两个步骤起立法

在公交车上,或者在电影院里,当我们从座位上站起来的时候,常常会不由自主地冒出一句"嗨哟"。这种起立的姿势,也是会让我们看上去显老的。

当我们采用这种姿态起立时,最先移动的是我们的下巴。下巴移向前方,同时抬起臀部,利用其反作用力站起来。虽然我们的意愿往往是希望自己能够垂直向上站起,但如果勉强自己直挺挺地站起来,反而可能造成闪腰。

所以我想提出一个建议,我们不妨把起立这个动作分解成两个步骤。

# 第 2 章

给人以朝气蓬勃之印象的姿态

058 ▶▶

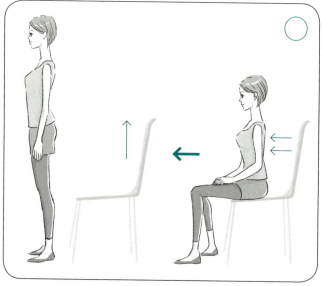

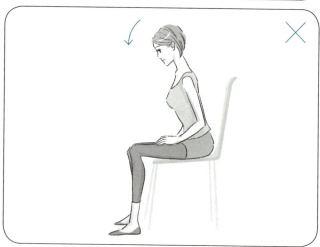

首先，向椅子前方移动身体。

接着，一只脚向后退，然后再站起来。这样就能在起立的过程中保持身体垂直于椅面了。另外，如果能够一边吐气一边站起，动作就会更加顺畅。

不要"嗨哟"一声就站起来了

## 笑一笑，十年少；
## 舞一舞，心情好

我认识一位女士，每次见面她都会用明亮的声音与我打招呼："你好呀，今天过得好吗？"她是我们剧团排练场地所在大楼的管理员，年龄有八十多岁了吧。

每一次，当我见到她时，都有如沐春风的感觉，她带给我一种令人怀念的、温暖的氛围。于是，我会很有精神地回答她："好极啦！"渐渐地，这便成了我的一个习惯。这样的问候是非常美好的，因为它充满了感染力，让对方也产生了愉快、明朗的心情。

**那么，如何才能像这位老太太一样，拥有开朗**

的心境呢?

有一个秘诀就是缩小目标,缩短计划。比如,早上的目标首先是过好上午的时间。如果达到了这个目标,那么对于下午也会更有干劲和信心。

另外,要学会奖励自己,比如下班后看一场想看的电影。虽然只是非常微小的犒赏,但它对于减轻烦恼、调节心情却是非常有效的。**未来是无法预知的。如果我们总是在思考无法预知的东西,如何开朗得起来。**

当我们看到公园里的孩子张开双臂,装作飞机的样子绕圈奔跑时,都会由衷地感叹生命之鲜活吧。孩子们无须思考未来,因此无忧无虑;我们虽然无法像孩子那样,但至少可以把目光放得近一点(让自己不要去计划太长远的未来)。我认为这是保持开朗心境的秘诀之一。

**另一个秘诀是笑容。**笑容会带来好心情,不仅是为身边的人带来好心情,最重要的是,笑这个动

**作本身就能够让我们自己振奋精神。**

让我们来假设一下。有一天你下班回家,看到整理好的文件资料被爱犬咬成了碎片,一塌糊涂,这时你当然会生气地斥责它。但狗狗却亮出肚皮,打滚撒娇,眼巴巴地望着你,仿佛在说:"可是人家好寂寞嘛!"

你还气得起来吗?会不会一下子就泄了劲儿,忍不住笑出声来?于是怒火瞬间熄灭,温柔的心情取而代之。正是你的笑驱散了刚才的坏心情。

**下面,我要为你介绍的是,在没有什么开心事发生的情况下,如何"制造"笑容,让自己变得更加开朗的姿态。**

## 01_ 如何"制造"生动的笑容

有些朋友不知道拍照的时候怎么笑才好看。身为摄影师,这时我就会问他们:

"你现在最想吃的东西是什么?"

大多数人在听到这个问题后都会露出非常明亮活跃的表情。这是因为,人在想到愉快的事情时,自然而然就会露出好看的笑容。

你可以试一试,心情忧郁的时候,倍感压力的时候,不妨想一想自己最爱吃的东西。不知不觉间,笑容就浮现在你的脸上了。

另外,我还推荐你在纸上画一画笑脸。你会发现,画着画着,自己也不由得微笑起来了呢。

## 02  放松心情的简单舞步

我年轻的时候,曾在一个活动结束后的聚会上,被一位前辈告诫:"你这人太无趣了。"他说。无论是听人演说,参加游戏,还是获得纪念品的时候,我的反应都很冷淡,看起来好像并不高兴,完全没有捧场的意思。

我并没有故意给人造成这种印象。但我也确实注意到,如果能加上一点动作,那么整个人看上去就会显得兴致高昂,生气勃勃。

**柔软的内心和灵活的身体是有关系的。我想到的练习方法是跳舞。**当然,无论做什么运动,运动

067

之前的准备活动都是不可少的。

为了表现愉快的氛围和活泼的样子,首先我们要让身体动起来。

你可以在起居室里播放喜欢的音乐,音量不妨稍大些。

刚开始练习的时候,可以只是轻晃身体。如果你选择的音乐节奏舒缓,那么也可以同时加上前后左右摆动手臂的动作。

如果你选择了快节奏的音乐,那么可以试一试上下跳跃,或者扭腰摆臀。

**这并不是为了秀给别人看的舞蹈,所以跳得好坏都没关系。我们跳舞,只是为了放松身体,愉悦心情。**

觉得不好意思的人,可以看看由画家亨利·马蒂斯创作的《舞蹈》,也许会产生一点优雅的感觉。画中的女子,仿佛连衣服都不屑穿了,赤身露体的,手拉手围成一个圈,沉醉于舞蹈中。

　　离欣赏者最近的两个人,她们伸向彼此的两只手间还有空隙,仿佛在邀请我们加入,一起庆祝生命的喜悦。马蒂斯说过,他所梦想的艺术"就像一把舒适的安乐椅,它使疲倦的身体得到休息"。

　　在被称为"野兽派"的绘画风格盛行的时代,马蒂斯的画充满了强烈、大胆的色彩,仿佛要溢出画框,喷涌出来。后来因为视力衰退,他开始专注于创作剪贴画。但他所表现的美却丝毫未变。或者说,他的作品形式变得更加简洁,不同的色彩聚集成了色块,而表现力则变得更强。

　　**这是马蒂斯付出青春而创作的作品,它能够赋予人们生命的活力。**

----

**用舞蹈唤醒沉睡的细胞**

----

## 03 像舞台上的女演员那样运用双手

用双手大幅度做出手势，会让你看上去显得活泼。性格爽朗的人和看上去特别有精神的人往往有一个明显的特征，那就是手势和姿势的幅度都比较大。

也就是说，为了让自己看上去有活力，最好在做动作时稍微夸张一点。比如当你觉得疲惫的时候，在行为上反而要更加振奋，不知不觉间，干劲儿就真的回来了。从某种意义上来说，大幅度的手势有将活力固定在我们身上的作用。

在日常生活中，不妨把自己当成站在舞台上

的女演员或者歌剧演唱家。

演舞台剧的演员常常一戴上金色假发,整个人的动作就会突然变得十分夸张。你也可以试一试,让自己进入表演的状态,无论快乐、惊讶,还是感动,放大所有情绪,运用你的双手将它们表达出来。

说话时,将两手摊开。让这个动作看起来非常自然的秘诀在于,要将小臂向外侧展开。

比如,你可以用一只手指向你想要展示的东西,摊开另一只手,扩大两手之间的距离,因为这样能给人以你正乐在其中的印象。你还可以屈肘,将手放在脸庞周围轻轻摆动,这样会让你看上去更加年轻。

**在那些拥有强大人格的人身上,我们总能感受到生命的热情,并且为他们所吸引。**而他们的这份强大,首先就是通过姿态表现出来的。

恋爱也是一样的道理,无论多么爱对方,如果总是毫无表示,你的爱恋之情将如何传达?为了让对方知道你已坠入情网,就必须通过手势和姿势表现你内心的"悸动"。

在第三章中,将会出现"Hello 效应"和"谈话时的距离"等话题,我将进一步为你介绍那些能够让我们很好地向他人传达自己心情的姿态。

---

**夸张的动作是有活力的表现**

---

第 3 章

# 给人以帅气飒爽之印象的姿态

让你 年轻 的 姿态

## 和亲近的朋友在一起时，也要注意给周围人的印象

飒爽，指的是"利落、明朗、令人神清气爽"的感觉。

在和歌集《百人一首》中经常出现"清澄"这个词，用于描写景色清澈或心情舒畅。可见古往今来，日本人对于"清爽感"的推崇。打个比方，就是碳酸饮料给人带来的感觉吧，清凉爽口，让人喝了还想喝。

而从一个人给别人的印象上来说，飒爽则是"独立，脊背笔挺，凛然不可犯"的模样。他仿佛对任何事都能淡然处之，但这并不是冷漠，而是游刃有余。当你见过一个飒爽的人，你会希望很快能够再见到他。

## 第3章 给人以帅气飒爽之印象的姿态

我的朋友中有一对颇具这种特质的夫妇。有一天晚上，我收到一条加了爱心符号的短信，"我要迟点才能到，对不起哦♥"。

原来，这是那对夫妇中的太太错发我的，她本想发给她的丈夫。后来见面的时候，我拿这件事笑话她，她告诉我那条短信是关于她和丈夫的隔月约会。原来他们每两个月都会过一次二人世界。

听说约会计划是夫妻俩轮流制定的。而且他们说好了，就算不喜欢对方订下的约会地点，也要开开心心地陪伴对方；就算不满意餐厅的饭菜，也不能因此中断谈话。我仿佛明白为什么他们能够建立起"飒爽"的夫妻关系了。

因为他们互相尊重。即便处于十分亲密的关系之中，也从不寄予对方过高的期待。他们的相处方式非常干脆利落，是旁人羡慕的模范夫妇，恐怕这就是秘诀所在。

那么接下来，让我们一起来看一看，什么样的姿态可以给人以飒爽、清透的印象。

## 01 走路时不要贴在一起"跳排舞"

有时候,当我们非常放松地和朋友一起逛街时,为了能够一边说话一边看到彼此的脸,不知不觉就会走成横排的队形。正因为关系亲密,所以这时候我们眼中只有朋友,而无暇他顾吧。

这样的景象在老同学聚会的时候尤其容易出现,当事人似乎很容易忘记,这其实给其他人造成了麻烦。

当然,这时候你的心情可能是"重返青春",但对于周围的路人来说,恐怕只会觉得你"为老不尊"。虽然在电视剧《欲望都市》(后来还拍了电

# 第 3 章

给人以
帅气飒爽　　078 ▶▶
之印象的
姿态

影）中，女主人公和她的朋友们四个人一齐迎面走来的模样，似乎英姿飒爽，充满年轻活力，但在现实生活中，**贴在一起行走的女子会给人一种不自信的感觉。所以，如果你们的小队伍已经有了三位成员，那就不要排成一排走路了吧。**

和朋友在一起的时候，某种程度上人的脸皮会变厚。在餐厅里也是这样，很多人一起吃饭的时候，有时我们对服务员的态度就不会那么客气。比如，我们会省略"不好意思"这样的缓冲词汇，直接发出"把这个盘子撤了吧"之类的指令。所以说，人一多，我们的态度就容易膨胀。

还有一种情况也很常见。在电梯口（无论是升降电梯还是手扶电梯），或者车站的检票口，经常能看到堵在入口处，希望让同伴先上电梯或先进站的女士。她们本人自我感觉应该很好吧，毕竟谦让是美德。但其实这与"飒爽"二字的意义完全相反，是非常显老的姿态。

## 02   美术馆中的礼节：
## 　　向"老干部式背手"说再见

在美术馆之类的场所欣赏作品的时候，为了凑近一点看清作品，有时候我们会把脑袋向前探。但如果只是探出脑袋，那么为了保持身体的平衡，我们的双手不知不觉间就会伸到背后去，形成一个背手的姿态。

于是身体就会弯成一个仿佛挂着拐杖似的角度。棒球比赛中常常能看到教练员做出这样的动作，这说明球赛的走向并不如其所愿。

其实观看作品的时候，只要不会给别人带来麻烦，就可以走到被允许的最近距离。艺术家实际上也是站在这样近的位置创作眼前的作品的——想到这一点，看到画作的感动也被放大了呢。这样的姿势也非常能够体现我们对艺术家的尊敬。

**不要忘了，在美术馆里，当你看着画作时，别人也在看着你。**

## 03) 不乱摸，不乱碰

与好朋友在一起时，有时我们会很随意地碰触对方的肩膀或手臂，这显然是一种表达亲密感的动作。然而，在另外一些情况下，随意的触摸却会让人显老。

**比如，在旅途中看到景点时，或者某些文体活动中看到纪念品时，这种场合下的随意触摸，就是一种让人显老的动作。**

特别是和朋友在一起的时候，有的人就会咋咋呼呼地招呼朋友"快来看快来看"，然后和朋友一起上下其手。这恐怕是因为比起享受当下的此情此景，更想把所见的一切作为自己的纪念吧。甚至有的时候，明明是禁止触摸的东西，我们却在无意中就把手放了上去。

在景点随便拍照也是一样的，比起把美景深深印入大脑，我们往往更优先考虑如何用相机记录。

但这种匆忙的模样实在是非常显老的。**我们的内心毫无余裕，满脑子都是"只有今天，只有今天"。一想到"只有今天"，我们就不由得想要珍惜这个机会，于是什么都要摸一摸，什么都要拍照留念。**

虽然也有像大阪的比利肯神像那样，游客挠一挠它的脚底板就会获得好运。但是顺便说一下，这是因为比利肯神仙的肚子太大了，自己挠不到，所以如果帮他挠了脚底板，他就会让你幸福，这是一种互帮互助的关系。所以说，触摸东西这个动作是有意义的，聪明人只在必要的时候才伸出自己的手。

### 不够从容的心态也会让你显老

## 04  拍出好照片的秘诀是"前倾、遮挡、侧转"

随着智能手机的普及,拍照的机会也变得越来越多了。但我们在拍照的时候,常常还没准备好就被按下了快门。

如果照片上只有自己一个人,那么删掉也罢。让人困扰的是,冷不防被别人要求合影,或者很多人一起拍集体照的情况。有时这些照片在我们不知情的时候就被传上了社交网络平台,突然看到,还真让人有些措手不及。

下面为你介绍不会失败的拍照姿势，让你看起来爽利又年轻。

你在照片里会是什么样，说到底这是自己的责任。特别是拍集体照的时候，千万不要因为人多而受到影响，无法做出理想的表情，或者无法让自己进入一个合适的情绪，又或者导致姿态不够美观。为了避免这些让人不满的问题出现，就要在拍照时做好准备。

**如果想给人年轻爽朗的印象，那么笑容就很重要。所以，笑起来吧，稍微露出一点牙齿的微笑就很不错。**

拍摄集体照的时候，我们不知道其他人的表情是什么样的。虽然拍照的目的不同，大家的情绪也不一样。不过，至少当周围的人都在笑时，如果只有你自己看上去不太开心，岂不是很可惜？所以还是尽量保持笑容吧。

# 第 3 章

给人以帅气飒爽之印象的姿态　086 ▶ ▶

● **身体前倾让自己看起来小巧可爱**

个子矮的人,在差不多要拍照的时候,应该移动到全体人员的中央。

上半身向照相机的方向倾斜,仿佛在对摄影师说"请拍我"一样。这种姿势能帮助我们拍出既不显身高又可爱,并且显年轻的照片。

● **借用重叠和遮挡修饰体形**

在意自己体重的人怎么办才好呢?

如果一起拍照的人当中有男士,那么你可以退一步躲到他身后,藏起一部分身体。即使

对方不是男性,只要比自己身材高大,就可以利用这一点,遮挡自己的部分身体,从而修饰自己的体形。

另外,如果是比较休闲的聚会合影,那么你可以站到后排的最末端,举起手臂表现出活跃的模样。这样会让你在照片中成为气氛制造者。

● 向一侧扭转身体让身材看上去更纤细

要想让照片里的自己看上去清爽利落,最简单的方法,其实是面向正前方,然后向一侧扭转身体。

具体的姿势如下:面对相机,一只脚的角尖向外打开约60°,然后将这只脚滑向自己的斜后方,重心落在它的脚跟处。这时要注

意的是，后面这只脚的足弓位置应该贴住前面的脚跟。

将前面那条腿的膝盖向内侧倾斜，遮住后面那条腿的胫部。如此两腿重叠，视觉上带来腿部纤细的效果。上半身向后面那只脚的脚尖方向侧转，但保持面部朝向正前方。因为肩膀处于微斜的状态，所以此时你的脸反而会给人一种非常端正的印象。

只要记住这三种姿势，谁都能拍出年轻又好看的照片。

---

**拍照的秘诀就是：前倾、遮挡和侧转**

---

## 05) 碰面时举手招呼的 "Hello 效应"

约好了与某人碰面,但自己比对方晚到一步,这时如果能够轻轻地举起手来打招呼,会给人飒爽的印象。也就是说,我们要设计自己登场的模样。

在戏剧中,或者在演唱会上,令人印象最深刻的,难道不是角色或艺人登场的那一幕吗?相约等候时也是一样,"你好吗?""原来在这里呀!"或者"久等啦!"如果能够巧妙地表现出这些相见时的喜悦之情,对方也一定会很高兴的。

在音乐剧电影《妈妈咪呀！》的再会场景中，多娜（梅丽尔·斯特里普饰）张开双臂，奔向过去的乐队伙伴——她的身姿给人强烈的冲击，仿佛一瞬间就轻松跨越了那些无法见面的岁月。

这里的 Hello 效应用的是打招呼的那个单词 Hello。不过，在社会心理学中，也有一个 Halo 效应，即光环效应。Halo 是圣人头上的光环，光环效应指的是一种认知偏差。

也就是说，如果某人有令人印象深刻的特征，那么不管那个人的实际能力和性格如何，人们都会将这个特征无限放大，按照这个特征给予评价。

给你讲一个某位女演员的故事吧。

她是在战队系列特摄剧中出道的，但有段时间却向我诉苦："怎么最近找我演的净是些奇奇怪怪的角色。"她原本是体操选手，个子高、五官挺拔，按理说应该更适合充满正义感的角色。

观察了一段时间后,我发现,原来那段时期,她的发型换成了一刀切的长发,于是她在说话和听别人说话的时候,为了不让头发落到脸上,总是歪着头。

这种姿态会让对方觉得她没有认真听自己说话。而且,**把落下的头发撩起挂到耳后的动作看起来又过于妖艳。**

**我觉得正是因为这个发型导致她做出了以上姿态,而这个姿态又改变了她的形象,便建议她改变发型。**于是她换成了波波头。换了发型后,果然,像以前那样英姿飒爽的角色又开始找上门来了。

在自己没有意识到的情况下,对方却形成了先入为主的观念,这种情况是经常有的。

在和别人见面的时候,不要仅仅是靠近对方,而要为了让对方从远处就注意到你的到来,应该轻轻地举起手,传达想要见面的心情,给对方留下积极的印象。

精神饱满、心情愉悦的登场,可以给等你的人带去春风拂面般爽朗的感觉。

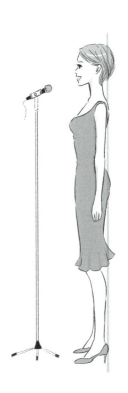

飒爽由形而生

# 认真工作或享用
# 美食时专注的姿态

"**帅气**",从姿态上来说指动作迅速、利落、潇洒的模样。比如说,那些熟练的手艺人,很多人都觉得他们工作的样子很帅气吧。

美发师只要摸摸客人的头发,就能知道发质和头形,做出适合对方的发型;寿司师傅会根据不同的主料调整握寿司时动作的强度;农人会在插秧时巧妙地调整重心,稳稳当当地前进。

这样的行动,毫不犹豫。这些手艺人在积累经验的过程中,为了更好地服务顾客,或者为了更有效率地进行工作而不断努力,于是他们的直觉变得越来越灵敏。而这一点会从他们的一举一动中体现出来。

当然了，像购物和欣赏 DVD 这种享受私人时间的行为也是非常美好的，但是**出于为了别人做些什么的目的而专注于某件事的时候，你的模样更让人觉得帅气。**

帅气的姿态需要什么呢？

首先必须管理身体健康。好好照顾自己才能获得新的能量。

当你专注于某事的时候，紧张感随之产生。工作如此，兴趣爱好和人际关系也如此。也许和之前说过的话有些矛盾，但认真的人最帅气，这时候即使造成姿态上形成了一点驼背也无伤大雅吧。

接下来，我们要从几个角度来分析一下这种"帅气"。

## 01 感到身体蜷曲时，赶紧做"办公桌伸展"

长时间坐着工作后站起来时，骨盆会继续保持坐姿时的状态。而如果一直保持相同的姿势，那么骨盆附近的肌肉会变得僵硬。

长此以往，背部会蜷缩起来，整个人透出疲累的样子，所以我们要认真地做些伸展运动。通过放松肌肉，扩大关节的活动范围，恢复美丽的姿势。让血流变得通畅，头脑也会变得更灵活，工作效率自然也就提高了。希望你务必采用我的建议。

①每 30 分钟舒展一次身体,想象自己把手伸向天空。

②上下活动肩膀。把肩膀往上提,保持几秒钟,然后放下。

③将两侧的肩胛骨向脊柱靠拢,用肩膀画圈,向前转几圈,再向后转圈。

④左右扭动上半身,每次扭转后静止 1~2 秒。

⑤缓慢地大幅度转动脖子两三次。

⑥坐在椅子上,一只脚伸直,脚跟着地,将身体慢慢地向前弯曲。

大脑转不动的时候,
稍微活动一下身体吧

## 02  咀嚼 30 次的"细嚼慢咽减肥法"

**你是不是经常忙到连吃饭都匆匆解决?匆忙吃完一餐后是否会有种空虚的感觉?**

在前文我虽然提到过快速、利落的动作很"帅气",但是在饮食上是例外的。无论从外观角度,还是从健康角度,我都不推荐吃得太快。

有的人明明不需要着急吃饭,却仍然吃得很快,可能是习惯使然。我就是这样的人。不过,越是忙碌的时候,越要注意吃饭的速度。毕竟,游刃有余的模样才是"帅气"的。

吃这个动作分解后的步骤如下：①把食物放进嘴里；②咀嚼；③吞咽。其中最重要的是咀嚼。

**为了防止自己过于着急，先制订规则吧。首先，把食物放进嘴里后，必须咀嚼 30 次。不能只用一侧牙齿哦，请两边交替咀嚼 30 次。**

通常我们都有用单侧牙齿咀嚼的习惯，但是长此以往，面部就会变形，出现老态。

拍个照片就知道了，用正确方式咀嚼的脸应该是紧致的。虽然刚开始，计算咀嚼的次数，或者尝试左右轮换着咀嚼，这些改变可能会让你感到焦躁，但不要忘了，这番努力会让你锻炼出美丽笑容所必需的表情肌。

一开始可以试着用小鱼干（沙丁鱼）这样的食物练习。咀嚼的次数要记清楚哦，30 次左右刚刚好。

之所以会有"细嚼慢咽有助于减肥"的说法,是因为吃得慢能够调节食欲中枢和饱食中枢之间的平衡。

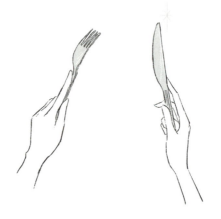

如果吃得很快,就会刺激食欲中枢,让大脑产生"肚子好饿"的感觉,在这种状态下,我们就会不知不觉吃下很多东西。但如果我们放慢进食速度,那么在还没有将食物全部吃完的时候,就能够让饱食中枢活跃起来,发出饱腹的信号,防止吃得太多。

顺便说一下，使用刀叉的时候，伸展食指轻贴在刀背或叉柄上，会让你的手指显得细长，充满女人味。

## 越忙越要慢慢吃

## 03 如厕时的"转体运动"

帅气的人是身心舒畅的人。这样的人无论何时都干净清爽,举手投足也透着一股纤细感。这样的帅气当然离不开背后的努力。

下面要介绍的"背后的姿态"可不是开玩笑哦。

这是能够让你在厕所里瘦腰,促进肠道活动的方法。很简单,坐在马桶上扭转上半身就行啦。不要害臊,注意动作的幅度要大。

①坐在马桶上,用左手抓住左脚脖子,举起右手。

请注意一边吐气一边让侧腹肌肉得到伸展。视线朝向举起的指尖。接下来用右手做同样的动作。

②通过肠道伸展运动来消除便秘。

坐在马桶上,用左手抓住右脚脖子,朝相同的方向扭转身体。

这是通过压迫下腹部促进肠道活动的伸展运动。

腰围变细了,
就能穿上更多合身的衣服啦

## 04 灵活改变距离和角度的"接近式谈话"

**帅气的人很重视距离感。平时不会过多干涉别人。**

不对年轻人说教,也不在朋友们的谈话中插嘴,与人保持一定的距离。

但是,如果谈话的对象是一个有烦恼的人,那么我们就会拉近和对方之间的距离。当他们前来求助,我们甚至会握着对方的手,告诉他们"没问题的哦"。如果你是那个有烦恼的人,当别人这样鼓励你时,是否会有一种烦恼似乎真的烟消云散了的感觉?

你的手能够感受到对方的体温,安心感就会油然而生。关系更为亲密的人之间,也许会通过拥抱来安慰对方。在拥抱中人与人身体互相接触的面积更大,安心感也会进一步增加。

**所以说,如果对方的问题看起来很严重,就要拉近距离,直到能够直接接触对方。**如此一来,心与心之间的距离也会缩短,让对方能够更轻松地吐露烦恼,手或身体上其他部位的接触也会带给他们鼓励。

**倾听的时候,向对方靠近半步,传达自己的热心。**

如今,人与人之间的交流越来越淡薄,这不仅是年轻一代的问题。**但只要拉近谈话距离,这种冷淡的关系就能简单地转变成温暖的关系。**帅气的人懂得随机应变地调节人与人之间的距离感。当然,我们的目标就是成为这样的人。

前日本网球国手松冈修造先生的热血宣言,硬汉职业摔跤手蝶野正洋先生在综艺节目中的"赏耳光"等行为，之所以能够被很多人接受，也是因为让人感受到一种近距离带来的亲近感吧。

在电视荧幕上，米仓凉子、天海佑希和筱原凉子等女星饰演的女医生和女刑警等角色都很受欢迎，这也是因为这些角色充满热血。如果她们只是耍酷而已，就不会有这么高的人气了。

一般来说，谈话时合适的距离是你伸直手臂恰好不会碰到对方的距离。

**但当你要表现出倾听的姿态时，就要从这个距离开始，向对方靠近半步。然后根据谈话的内容，改变姿势的方向。** 如果对方正处于一种不安的情绪中，那么你就要正面朝向对方。

而当你企图说服对方的时候，就不能够用正面的姿势，而要侧转身体使两人之间形成一个角度。

因为面对面地说服对方会带来压迫感。这个角度恰好能够让人更为轻松地移开视线，留出互相躲避的空间。

如果你能够灵活地把握距离感,就会树立起一个非常可靠的形象,成为人们眼中的"知心姐姐"。

我们不是会把这样的人称为"帅气的人"吗?如果自己也能成为那样的存在,那么一定能够充满活力地度过每一天。

根据谈话的目的,注意与对方的距离和角度

## 05 挺直腰杆的"歌手站姿"

我有一位在会计事务所工作的朋友Y。七八年前,为了工作之余转换心情,她开始去爵士乐教室学唱歌。

在不断努力练习的过程中,她越唱越好,最后达到了可以在现场音乐酒吧演出的水平,甚至在正式的晚宴秀上登场。从那时候起,她变得非常活泼,简直判若两人。我总觉得那样的她非常帅气。

她因为找到了自己热爱的事情并全情投入其中,所以萌生了自信吧。如果从姿态的角度来分析,那么很明显,她的举手投足变得更美了。究其原因,可能是某种紧张感使然——据她本人说，由于在演唱会上经常需要穿着露背的礼服，所以她平时就很注意背部的状态，努力不让背部显得过于肉感。

虽然知道姿势的重要性，但是我们常常很难设想自己背部的状态，因为看不到呀。因此，不妨试着代入别人的视角吧，想象自己"被人看着"。

你穿着露背礼服站在圆形舞台上。观众能够看到你的背影。立架上的麦克风正好处在鼻梁的延长线上。这么帅气的站姿，姑且命名为"歌手站姿"吧。

**如果觉得难以想象自己站在舞台上的样子，那么请试着想一想法国香颂女王伊迪丝·琵雅芙的模样。她经历过残酷的童年，恋人因事故而去世，但她却用歌声跨越了人生的种种苦难。**

光从那一米四二的娇小身躯来看，谁都想不到她的嗓音如此深入人心。一想到她，我就觉得自己会不由自主地挺直脊背。

用"歌手站姿"站好后，接下来试着大声发

出"啊——"的声音。如果全身都能感到振动,那么你的姿势就是正确的。这说明你的肺部和腹部不受阻挡,空气顺利进入,是让全身放松的好姿势。

在呼吸方面,并不是说腹式呼吸就一定是正确的。如果空气进入横膈膜,那么腹部和胸部都会膨胀。要想站得笔直,长时间聊天而不觉得累,就要用胸腹联合呼吸法。在别人面前说话或唱歌的时候,不妨事先尝试一下这个"歌手站姿"。

下面讲解这个站姿的要点:

首先背靠墙壁①脚跟贴住墙壁;②小腿贴住墙;③臀部贴住墙;④两侧肩胛骨贴住墙,但是不需要把肩膀前端也压到墙上。

在腰部和墙壁之间留出手掌可以插入的间隙。至于后脑勺,根据头颅的形状,有的人可以贴住墙壁,有的人却贴不到。可以先试一下能否贴住墙壁,如果必须抬起下巴才能做到,那么就没有必要将后脑勺贴住墙壁了。

在西方,女士们在正式场合穿着的晚礼服(露肩长裙等)经常露出背部、胸部的肌肤。这无疑是为了强调人体本身的美丽。所以不要害羞,自信地挺直腰杆吧。

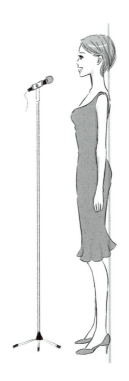

"背后有人在看我"的意识,
有助于形成正确的姿势

第 4 章

给人以
可爱婉约
之印象的
姿态

让 你 年 轻 的 姿 态

## 再小的动作和姿态
## 都能看出你是否用心

**当你发现自己变得不那么为身边的人着想,我行我素的行为也变多了,请注意,这是变老的标志。** 年轻的时候,大家或多或少都会在意别人的眼光。因为我们都希望自己在别人眼中的形象是美好的。

然而,随着年龄的增长,别人的眼光似乎就变得"无所谓"了。而当你不在乎别人的眼光时,你的动作就会变得粗俗无礼。

**对身边人的顾虑使你年轻。** 所谓粗野,就是在不知不觉中,动作变得粗俗、混乱无序的状态。

**只需放慢节奏,用心待人接物,就会给人一种稳重、文雅的印象。**

到了八十多岁、九十多岁，举止优雅的人也不会让人觉得衰老。即使只是一个把手机放在桌子上的动作，由他们轻巧地做来也充满优雅的美感。仅仅如此，就能给人沉稳的印象。

我在水族馆看到那些优雅游动的鱼儿时，偶然悟出了一个道理。动物本来是悠然自得的，只有在察觉到敌人或危险靠近的时候才会慌慌张张地逃跑。长颈鹿也好，大象也好，连被称为百兽之王的狮子平时都是一副悠闲自在的模样。所以我想，也许人类匆忙的常态并不是我们本该拥有的样子。

在这一章中，我们将学习如何掌握文雅的姿态，以及什么样的姿态会让你看起来稳重、优雅。

## 01  营造优雅氛围的"小指垫"

当你将手上拿着的东西放在桌子上时,首先让小拇指先贴住桌面。假如你拿着的恰好是某件贵重的器皿,那么自然而然就会做出那样保护性的动作吧。但即便是杯子或者是智能手机,也请稍微注意一下,给予它们同等待遇哦。

实践起来也许有点麻烦,但只要加上这个动作,优雅度就会倍增。

轻拿轻放,爱护物品

## 02  消除焦虑的"清心呼吸法"

优雅的姿态是游刃有余,有礼有节的。**焦躁和慌乱的情绪使人文雅尽失,甚至打乱呼吸节奏。**

如果遇到情绪波动的情况,在姿态被破坏之前,可以通过放慢呼吸的方式,让心情安定下来。养成这样的习惯大有裨益。

闭上眼睛慢慢深呼吸。吸气3秒,吐气6秒——这是重点:吐气的时间要比吸气的时间长。

肋骨之间的肌肉横向扩张,肺部向两侧展开,让空气进入。同时横膈膜上升,你可以更深地吸入空气。

肺通过肌肉的运动进行扩张

## 03 改变场所,改变心情

**我也推荐通过改变场所来转换心情。比如,在吃饭的时候感到不舒服,那就离开座位吧;在工作中遇到不愉快,那就去洗手间吧,或者如果条件允许,去外面待上一会儿。**

摘下眼镜和手表,闭上眼睛,想象一下波浪的起伏和风中缓缓摇曳的树木,这会让你感到平静。

如果附近有公园等树木茂盛的地方,一场小小的森林浴也能让心情平静下来。此时空气中弥漫着植物释放的一种挥发性物质:芬多精(一个由意为"植物"的"Phyto"和意为"杀死"的"cide"

组合而成的新词。意思是植物杀菌素）。

树木的香味之所以能够让我们感到安宁，正是因为它们着实干净。

尤其当你生气的时候，如果没忍住，在人前发泄了情绪，也许人们就会将你看作一个易怒的人，对你心生畏惧。

**平息怒气的首要原则就是改变身处的场所。**电视剧里经常出现夺门而出的场景，这种做法其实没错。

但是，如果无论如何都无法原谅惹你生气的人，又该怎么办呢？不妨这样告诉自己：

我们每个人天生就有不同的职责。让你生气的人，生来就是让你生气的角色。在戏剧中有角色分配一说，但谁都不想演被人讨厌的角色。

换个角度来看，让你生气的人，同时也在被你所憎怨，因此这个人也在扮演着谁都不想要的角色呀。他是在履行提醒你的职责，教你不要再和像他这样的人来往。

顺便说一下，生气其实是年轻的证明。大脑老化后，就不容易被当时的感情所左右了。这也是一种随着年龄的增长而进化的能力吧。

## 04 稳当服帖的"腋下包"

如果身体失去重心,姿态的稳定性就会遭到破坏。这种情况多出现在用手拎着沉重的包,或是将包挂在手腕上的时候。重心不稳定,就会导致腿部出现向外打开的趋势。

因此我推荐日常生活中多使用单肩包。长度以正好能够将包身放在腰部的凹陷处为佳,夹紧手臂,使之自然地紧贴在腋下。请注意肩带不能太长,否则走路时包会晃来晃去,打乱身体的重心。

第 4 章
给人以
可爱婉约
之印象的
姿态

单肩包有助于稳定身体重心

## 05) 合上的包与交叠的手

在人多的地方,比如电车上或咖啡店里,打开包袋东翻西找的模样可不能称得上潇洒。反而会给人上了年纪的印象。另外,包袋大开,内部一览无余的样子也是非常不文雅的。

在电影院等公共场所,因为翻包而发出噪声也是不礼貌的行为。

所以,当你坐下后将包放在腿上。如果你的包是那种包口很宽敞的,那么最好用手帕之类的东西稍微遮挡一下,以免暴露内部。

另外，当你把包放在腿上时，如果双手随便抓在包上，就会让手指关节凸出，骨头明显，而没有优雅的美感。**更为高雅的姿态应该是大拇指向内**

**折,左手交叠在右手之上。**

其实右手在上也没有关系,只是大多数人的惯用手都是右手,通常惯用手在下会显得更加文雅。交叠的双手这样放在包上,看起来很漂亮。

不要让别人看到包里的样子,即便你将包里的物品摆放得非常整齐。如果其中有什么不方便示人的物件,却让人看了去,连带着会让你看上去像一个粗心大意的人。

其实,如果你的包足够大,使用包中包也是个好主意。这样一来就不容易将整理好的东西弄乱,无论是放还是取都更方便。

只要改变一下拿包的方式,
就能给人带来完全不同的印象

## 06  像百合花一样倾斜脖子

**在附近遇到熟人打招呼的时候,稍微倾斜脖子,会显得轻松自然,青春活泼。**

在非常随意的场合,如果过于认真地打招呼,有时候反而会给人一种殷勤过头的感觉。

但我们需要的是随意而不失优雅的姿态,不能因为放松就向前伸出了脖子,驼起了背,这样的寒暄方式只会让你显老。鞠躬可不是驼背,正是因为舒展的脊背,这个动作才充满美感。

我们在交际时,总是从彼此细微的日常动作中获取与对方有关的信息。偶然见面时的印象会先入为主，根深蒂固，所以一定要注意。

最近，时尚界刮起了休闲风，而在生活方式上，人们也越来越追求简约化。那么从姿态的角度来看，既不失礼貌，又无装腔作势之嫌，坦率而潇洒的打招呼的方式才是最理想的。

## 有时候不能过分礼貌

## 07  说话时不要用手挡住嘴

不知为何,有人会在大声说话的时候用手挡住嘴,做出一副仿佛很体谅他人的样子。其实这样的姿态也很显老。比起用手遮挡,不如说话的声音轻一些。

———

不要"装"客气

———

## 08  让上臂变细的"购物袋后摆"

在提举重物的时候,我们经常需要使用手臂上的肱二头肌,用力时它会变硬变紧。但是我们很少有机会使用上臂背面的肌肉,从而导致"拜拜肉"的出现。如果穿无袖装,就会暴露松松垮垮的手臂,显得上了年纪。怎样才能保持苗条纤细的手臂呢?

**在超市购物后,可以利用手上的购物袋进行锻炼哦。拎着购物袋的同时,手背朝后,向后拉伸,然后再回到原来的位置,如此重复 4~5 次。**

不过,如果购物袋太重了,或者里面有易碎品,那么请不要勉强自己做上面的动作。

习惯之后,可以松开食指,用大拇指和另外三根手指拎住袋子,尤其把重量放在小拇指上,同样将手臂向身后拉伸,这样会让手臂变得更加紧致。

## 09  如何优雅地提塑料袋

下班途中顺便去地下商场或土特产展销会买了东西,然后就那样拎着薄薄的塑料袋去坐电车了。这样的姿态也不能说是高雅的吧。

大多数人习惯把塑料袋挂在手腕或者小臂上,如果里面装的东西很重,两个拎手就会勒在皮肉里,让你的手臂看上去像个去骨火腿一样。其实,聪明的做法是让袋子自然地垂在包的外侧。

当你坐下的时候,把塑料袋放在膝盖上,右

手四指轻抚袋子，食指舒展。至于另一只手的姿态，就像我们在 130 页的"合上的包"中介绍的那样，左右手交叠，手指自然垂下即可。

―――
**塑料袋也能体现品位**
―――

## 10) 不失风度的坐姿:"合拢膝盖"

不知你是否有过这样的经历:购物结束,买了一大堆东西。回家时你坐在拥挤的车厢里,为了不给别人造成困扰,于是就把袋子放在了两腿之间的地板上。

即使这时候你穿着裤装,这个姿态也实在不算美丽呀。因为膝盖一旦张开,骨盆就进入了松弛的状态,这样的坐姿也很显老。

所以,遇到这种情况,不如把袋子放在并拢的脚的外侧吧。如果合拢膝盖,那么这样和将袋子放在双脚间的时候占用的空间其实是一样的。

如果你的膝盖难以合拢,可能是因为骨盆不正造成的。膝盖弯曲,也就是所谓O形腿或X形腿的情况。直立的时候膝盖以下的部位向外侧弯曲,形成间隙,也会给人上了年纪的感觉。

O形腿和X形腿可以通过骨盆伸展运动来调整。

身体平躺,立起膝盖,让两膝向两边外侧倒下。

接着,双脚稍微张开,立起膝盖后,使其向内侧倒下。

※ 膝盖向外

※ 膝盖向内

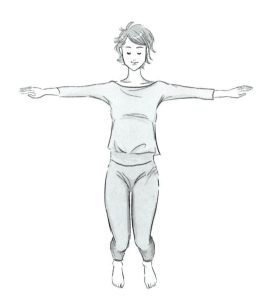

请反复进行这个锻炼大腿外侧和内侧的伸展运动。在这个过程中,如果感觉到其中一侧比较僵硬,那么请重点锻炼这一侧。这样可以放松骨盆,改善膝盖的扭曲。

## 11 上下车也要"合拢膝盖"

两脚大开着上下车,会给人一种粗鲁的印象。张开大腿坐在车上,又会让你看上去很男性化。但我们可以把动作分解成几个步骤,使上下车也变成优美的举止。

当你聚餐后搭便车,或乘坐出租车回家时,即可注意自己这时的姿态。不雅的上车方式可能会破坏之前优雅的氛围,所以请一定注意。

①上车时臀部先上

车门一开,较大的行李先放在座位深处。

臀部先上车,落座。坐下前右手最好先扶一

① 上车时

下座位,这样比较安全。

右手使力,稍微撑起身体,将臀部向里移动。坐稳后,并拢膝盖,然后将腿部收进车内。

②下车时腿部先下

车门打开后,膝盖并拢,抬起双腿向外移动。脚先着地,然后停顿一拍,再用手撑着坐垫慢慢地站起来。

②下车时

保持优雅的姿态,

直到最后也不松懈

## 12  选择"电子支付"的付款方式

关于购物时的支付方式,有人不想花时间等店员找钱,所以就会在付钱的时候准确支付金额,连零钱都一一付清。这当然不是坏事。但是如果为了凑齐零钱花费了更多时间,岂不是本末倒置。特别是把钱包凑近眼前翻找硬币的模样,可是非常显老的哦。

今后,无现金的支付方式将急速发展。

你大可以用整钱支付,也可以直接刷卡或者使用智能手机的支付服务,无论哪一种都是洒脱、利落的付款姿态。

付款时不拘泥于凑齐零钱

# 借助服装等外表的力量，
# 展示成熟的魅力

随着年龄的增长，有的人会变得越来越优雅，有的人却会变得越来越让人心生畏惧。两者的不同在于，前者随着知识和经验的增加，待人接物的心态变得越来越宽容；而后者则倚老卖老，自以为可以论资排辈，气量变得越来越狭小。

对自己的人生经验评价过高的人，对别人也会过于严格。而能够联想到自己至今为止也经历过很多失败的人，则更加宽容，也更有余裕成为年轻人的引导者。

虽然我们的性格是很难改变的，但是给别人

的印象却可以通过外表塑造。不同的穿衣风格和不同的态度给人带来的印象当然也是不同的。

比如，同样的连衣裙，如果把腰带的位置放高，就会显得腿长，看起来很优雅；如果把腰带系在正好是腰部的位置，整体风格就变得非常整洁、端庄；而如果将腰带的位置下移，打结的位置偏移一些，又会营造出一种放松又性感的气质。

**随着年龄的增长，适合自己的穿衣风格也会发生微妙的变化。而且，通过穿衣的方法，姿态和态度也会发生变化。为了显得年轻，外观上的"优雅"也是很重要的。**

"高级""有格调"和"优雅"的样子，总能让人感受到永远不会老的美丽。在如何营造气质这方面，可以参考时尚杂志中模特的姿势。

接下来要介绍的是我经常在课堂上使用的方法。请你想象一下欧美成熟女性的模样。不要害羞，放开自我,一起来模仿她们身上成熟、优雅的气质吧。

● 优雅放松

请模仿在露天咖啡馆中优雅地消磨时光的巴黎女士。身体放松地倒向桌子,手肘支在桌面上,用手托着下巴。

● 俏皮美丽

想象一下米兰风女士的模样,穿着色彩鲜艳的衣服,张开双手,在闺蜜面前大谈自己的拿手菜。她们身上充满活力,享受着人生。这是一种具有幽默感的拉丁气质。

● 时髦干练

纽约女士的时尚风格和自信气场给了我们很大的启发。华丽却休闲的服装以及最新的数码设备都是标配。她们拥有干练的动作和锐利的眼神,深知美丽与坚强和成功密不可分,乐于尝试新事物,追求高质量的生活。这是一种非常积极的生活方式。

小朋友的可爱是天真无邪,但同时也是幼小无力。到了青春期,青少年们装作对异性毫不在意的样子,其实比谁都更在意异性的存在。在这个时期,活泼开朗的人应该更受异性欢迎吧。

**但当我们长大成人后,却会故意让自己显得弱小,或者做出羞赧腼腆的模样。随着年龄的增长,和蔼可亲和幽默感变得重要起来。对于异性,比起展现女人味,坦率而直言不讳的态度更有魅力。**

如果你像运动员一样管理身材,也保持住了美丽的体形,但你的内心不够从容,对待别人态度冷漠,那么,即使你的外表看起来很年轻,也不会受人喜欢。但如果你待人处事谦虚有礼,那么就会成为备受憧憬的前辈吧。

其实，年轻和可爱的定义会随着年龄的变化而变化。年长者有年长者的魅力。我想用这本书传达的就是这一点。

可爱的定义，
随着年龄的变化而变化

## 01 使人年轻的"三角形"轮廓

下面的内容涉及时尚领域。

穿衣时要考虑到上半身和下半身的轮廓搭配，使全身整体轮廓形成等腰三角形。

①上半身服帖，下半身宽松。不要打开手臂，保持紧致的轮廓。

走路时步幅要小，脚步紧凑。让下装的下摆优雅地摇动。

②上半身宽松，下半身服帖。

动作和步幅都可以大一些，加快脚步。

## 02 美丽站姿法则：脸与重心所在脚的朝向不一致

有一次，我在酒店与一位从国外邀请来的女性经营者见面。

她在酒店前等我时的站姿，实在是年轻而美丽，让人不禁看得入迷。

**让人看上去年轻潇洒的站姿有一个非常简单的规则，那就是：你的脸与身体重心所在的那只脚，两者的朝向必须不一致。** 只要这样做，身体就会散发出一种紧绷感。

脸的朝向和重心所在脚的朝向一旦错开，就会更加突显身体的垂直线，从而让你显得年轻。

在这种情况下，一般你的重心会落在右脚的脚跟上。左脚尖位于从右脚尖打开30°~60°的位

置。而你的脸的朝向则与左脚尖所指方向一致。从腰部到臀部，身体自然扭转，呈现出充满女人味的轮廓和年轻的姿态。

不过，站在摇晃的车厢里时，为了保持平衡，可以将两腿之间的距离放开一些。但是，在身体静止的情况下，比如等人的时候，如果只是叉开腿直挺挺地站着，就会显得木讷呆板。原因就是这时双脚和脸部的朝向是一样的。请一定要掌握美丽的站姿。

美丽的姿态，
从远处也能看得到

## 03) 优雅站姿法则：
## 稍微倾斜膝盖

有时候，我们也得采用双脚和脸的方向一致的站姿，比如说看手机的时候。但如果只是呆呆地站着，会显得很疲惫，所以可以把重心移到一只脚上，把另一只脚的膝盖稍微向内侧倾斜，使之向另一侧膝盖轻轻靠拢。**站立时腿部出现些许角度，会显得纤细，站姿也会变得更有动态感，让人看上去很年轻。**

另外，站着看手机的时候，尽量把手机举到脸附近。当你的视线集中在手机上时，头会前倾，很容易变成驼背，所以要注意这一点。

# 第 4 章

给人以可爱婉约之印象的姿态　　156 ▶ ▶

膝盖稍微弯曲一点就会给人带来截然不同的印象。在摄影中,关于模特摆姿势,有一句话叫"用关节的角度体现情感",这可不是言过其实。不仅仅是膝盖,脖子和腰的角度也能传达各种各样的信息。

只是站着就成了一幅画

## 04 两脚开立站姿法则：
## 一双舒适的运动鞋

刚才我们说到两脚叉开的站姿不会很好看，但是有的时候，即便两脚叉开也能站得像模像样。那就是穿着运动鞋的时候。

**一双轻便的鞋能够让人走出飒爽的姿态，看起来仿佛年轻了几十岁。**运动鞋让我们的脚掌贴在地面上，带来真正的"脚踏实地"的效果，因此我们的步伐会变得更加轻松，也有助于我们锻炼腿脚。

比起赤脚走路，穿鞋走路时的步幅会增大5%。

穿上舒适的运动鞋后,你的步态显得精神抖擞。所以不用特意去健身房,买一双跑鞋吧,得是你喜欢的模样,穿起来又足够舒服,那么即便只是步行也会变得很快乐。

不过,买鞋的时候,请慎重选择。可不要冲动地买下名牌运动鞋,却发现不合脚。买鞋一定要试穿哦。

## 05  在服饰轮廓中加入"不安定因素"

以前,在某个化妆品广告中有一句广告词是这样的,"摇曳、目光。"目光指的是视线,而摇曳的是女人心吧。有时候,不安定感也会让你显得年轻。比起固定和安稳的东西,晃动的东西有着独特的美丽。

所以,请试着在服饰搭配中加入项链、耳环、披肩等"晃动"的东西吧。飘逸的面料和轻巧的配饰都会营造出一种年轻感。而调整它们时的动作也尽显优雅。

还可以加上一些闪光的效果。串珠和亮片之类的随着动作反射光线的东西，如果在年轻人身上，反而会让他们显老。但到了一定年龄，气质得到沉淀，它们则会恰到好处地与这种成熟稳重相融合。

摇曳的光辉演绎出青春活力

## 恋爱模式升级:
## 加深与伴侣的感情

男性习惯夸大自己的动作,这是为了让自己看起来更高大,而女性的动作则更为纤细。

在社会地位上男女是平等的。但是在姿态上,毕竟男女有别,因为两者的骨架就是完全不同的。

**比如,轻抚秀发,整理衣装,说话时手肘支在桌子上,弯曲手腕等动作,如果是女性来做,就会显得非常细腻。**

纤细和柔软的动作是女人味的象征。

女人味的另一大象征,是女性在与人的交流中表现出来的害羞与腼腆,比如楚楚的微笑。

## 第 4 章 给人以可爱婉约之印象的姿态

不过,在商务场合,就没有必要强调女人味了,爽朗而充满活力的印象更为合适。

但是,在和伴侣单独相处的时候,如果能够做出一些释放女人味的姿态,则是大大有益于加深感情的。当你和一群人在一起聊天的时候,对于自己抱有好感的男性,也可以通过姿态向对方传达心意。

姿态就像语言一样,或者说比语言更能够传达人的情绪。

**有的人随着年龄的增长,渐渐关闭了恋爱模式,其实这样很容易失去女人味。**下面就让我们来看看什么是充满女人味的姿态吧。

## 01_ 喝茶和用餐都要慢慢悠悠

**喝茶和用餐的时候放慢速度,自然就会形成充满女人味的姿态。**在正式的社交场合,女性之所以不戴手表,也因为在意时间这件事本身就称不上优雅。

我曾因为参与在豪华游轮上进行的广告拍摄,得到了实际乘坐的机会。那个广告的概念是"什么都不做的时间是一种奢侈"。在没有手机信号的大海上,我感受到了时间的密度,一分钟仿佛十分钟一般。

在日常生活中也试着加入这种优雅吧。

比如，在咖啡馆喝茶的时候，重心要放在沙发深处，坐姿端正。而即使身处可以随意落座的场所，也不能过于放松。与人谈话时，手腕向下弯曲，手指自然垂下，仿佛从手背上流淌下来，这是似乎忘记了时间般的优雅姿态。

可以参考中国的水月观音像。观音菩萨通常手握莲花，坐在岩石上，一手搭在膝头，悠然垂向水面，优雅地望着月亮在水中的倒影，散发出不辨年龄的魅力。

**与人一起用餐时，请不要忘了：这是与对方加深感情的时间。**

食物要分成小块，咀嚼时嘴部的动作也要小。

当对方说话时，请先放下刀叉，向对方展示乐于倾听的态度。嘴里含着食物说话是不礼貌的，当然也是不美丽的。

在宴席等场合，与很多人一起围坐在圆形桌子周围的时候，要注意配合其他人，调整自己进餐的速度。

因为只有当所有人都吃完自己盘中的食物，服务员才会上来撤盘子，以及准备下一道菜的分餐等。

不过，当你和某位男士单独吃饭的时候，速度不能统一也是没办法的。餐前最好先用纸巾擦去口红，以免粘到玻璃杯上留下唇印。

**聚餐时，不省略礼仪的做法让人显得年轻。** 有时候，当我们习惯了刀叉的使用方法，反而会将用餐礼仪简化。这样做就会显得以自我为中心。

据说西洋式的用餐礼仪大约是从 16 世纪开始渗透到人们生活中的。在这么长的时间里继承下来的东西果然充满了深奥的感觉,能够营造出让人缓慢而优雅地进食的氛围。

------

**不能因为习惯了,
就省略礼仪**

------

## 02 让表情生动起来的"双重提拉"

**喜怒哀乐分明的表情是很有女人味的。特别是喜悦的笑容,充满生气的模样让人显得年轻。**

某剧场附近有一家日式馒头店。店主是位年纪已经很大的老爷子,经常看到他一边整理他家的馒头,一边对着看完戏出来的客人露出大大的笑容,热情地招呼他们:"很好吃哦——"

我每次从剧院出来的时候,都沉浸在戏剧的余韵中,本打算就这样直接回家,但不知为何看到那个和蔼可亲的笑容就挪不动脚步了,忍不住就买它一两个。

后来，不知不觉间居然养成了在那个剧场看完戏后就去他家买馒头吃的习惯，甚至还把这家店推荐给别人。这也是笑容的力量吧。

**为了制造出灿烂的笑容，首先请抬起额头和眉毛。这样的话眼睛就会变大，表情也会变得更加清楚。**

我们不能改变自己眼睛的大小。但为了让眼睛看起来更大、更明亮，也更有活力，抬高眉毛是很重要的。嘴角自然上扬，让嘴巴变成说"一"的时候的形状，这样，一个笑容就形成了。因为既要抬起眉毛，又要提起嘴角，所以我把这个动作命名为"双重提拉"。

如果眉间有皱纹，整张脸看上去就显得心情不佳，法令线变得明显，这也是让你显老的罪魁祸首。在这种情况下，再将嘴角上扬，你的脸就会变成表示怨恨和嫉妒的"般若之面"，所以千万要小心。

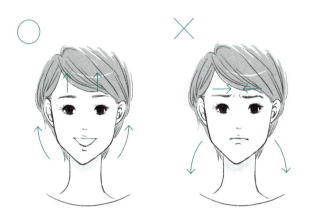

如果感到嘴角的肌肉僵硬,可以用上下牙齿轻轻地咬住筷子的方式进行锻炼。另外,为了不让法令纹过于显眼,平时也可以进行适当的锻炼,比如轮流鼓起单边的脸颊,或者用舌头按摩上面的牙龈。

笑容是为了自己

## 03) 随声附和的"积极倾听"

随着年龄的增长,有人感觉自己渐渐被年轻人疏远了。

我觉得会出现这种情况的原因在于:听别人说话的方式有问题。稳重的人会认真地听别人讲话,也会被比自己年轻的人所仰慕,因此和年轻人交流的机会也增加了,本人也越活越年轻。

而那些固执己见的人,对别人的话充耳不闻,就会被年轻人疏远。

积极听对方讲话的姿态叫作"积极倾听"。

做到"积极倾听"很简单,第一步就是附和对方的话。首先我们要摆出倾听的姿势,让对方更容易表达,这样就可以营造出双方都能进行深入交流的氛围。

对年纪比自己小的人也要虚心倾听,这与年龄无关,无论什么时候都不能破坏尊重的态度。

## 04 充满女人味的触摸

说话的时候,轻轻触摸自己的头发或手臂等身体部位,这是非常女性化的姿态,会让你看起来楚楚可人。

在有些场合,比起一直保持自信满满的状态,还是稍微示弱一些为好。

尤其在自己心仪的异性面前,更应如此。如果你看过歌舞伎等日本传统表演,应该会发现性感也有不同的类型,有些姿态其实值得我们借鉴。

同样,整理衣服,触摸身上穿戴的饰物等动

作也会让人觉得很有女人味。

比如,用中指和大拇指捏住领口时,手腕会出现角度,给人一种纤巧的感觉。而和人见面时,如果衣服明明没有乱,却频繁地整理衣服,这会向对方释放出一种紧张的信号。

男性在和重要的人见面时,也会多次用手触摸领带,生怕没系好。

这种心神不定的情绪也会传达给对方,从而营造出一种暧昧的"苗头",推进双方的关系。

衣物是包裹着肌肤的东西,所以触摸自己的衣服自然而然地会酝酿出一种性感的气质。

## "苗头"是制造出来的东西

第 5 章

# 愉快度过一天之后的结束姿态

让你 年轻 的 姿态

# 拉伸和沐浴助你好眠

如果你头天晚上没有睡好,第二天是否会有种"好像很吃亏"的感觉呢?明明躺了一晚上,身体却没能真正得到休息,所以也无法以舒畅的心情开始新的一天。

为了早晨能够舒舒服服地醒来,我们需要重新看待睡眠这件事。

**睡眠的重要性与日俱增。这是因为我们越来越不知道该怎么让身体休息,连睡觉都不知道该怎么睡了。**

由于互联网的普及,我们的生活发生了显著的变化。比如,我们的起床时间总是受到各种电子设备的影响。也有人将这种现象称为"电子产品导致的精神压力"。

证据就是,从20世纪90年代开始,瑜伽、坐禅、冥想、断舍离、睡眠、正念等减少压力的方法越来越受人关注。

**为了不被压力压垮,积极接受一切事物,我们需要安定的心灵。而且,如果内心有安定感,那么我们的人际关系也会变得越来越丰富吧。**

如果一个人总是因为一点小事就烦躁,非常容易消沉,那么与之交际的人就会感到有负担。当然,如果两人的关系非常亲密,比如是夫妻或是挚友,那么一方会鼓励和安慰另一方。不过,无论是同性还是异性,想要在一起的人,盼望再会的人,都是性格开朗、内心安定的人。

**为了让内心安定,睡眠是很重要的。**好的睡眠能让心情焕然一新。

在这一章中,让我们一起来看看,有哪些姿态能够让你以悠闲的心情结束一整天吧。

## 01  浴室里的"泡澡拉伸"

下面介绍的是可以在浴缸里练习的姿态。泡澡的时间可是放松自己的好机会哦。在41~42℃的热水里,首先泡到脖子的位置;大约5分钟后,再泡到肩膀位置。

接下来做以下动作。

①脖子的伸展运动。倾斜脖子,用与倾斜方向相反的那只手按住肩膀,不让它耸起,那么从肩膀到脖子的肌肉就得到了拉伸,这样有助于消除肩膀的酸痛。

# 第 5 章

**愉快度过一天之后的结束姿态**　182 ▶ ▶

①、②

②举起一只手，曲肘，用另一只手慢慢地将举起的手的肘部向后推。使两侧肩胛骨向中间挤压，然后放松。

③我们的双手日常需要不停做出抓握动作，所以通过相反的动作可以放松手部的肌肉。请将一手手心朝上，用另一只手握住它的手指，将它们向手腕方向掰。

④按摩也是非常值得推荐的。在浴缸里，按照从脚踝到膝盖的方向，用手掌揉捏小腿的正面和背面，有助于消除疲劳。

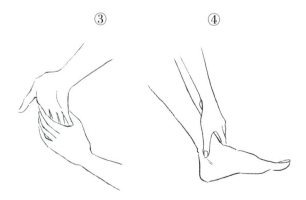

脚踝处的穴位（太溪）据说可以治疗寒症。用手指按压这个穴位也是有效果的，指压的强度以感觉舒服为准。

（太溪穴：位于内踝和跟腱交界的凹陷处）

不需要每一次完成所有动作，建议你每天轮换着做。

## 02 舒展腰腿的"抬膝运动"

接下来向你推荐的是,洗完澡让身体容易放松的拉伸动作。身体是很诚实的,一有什么不舒服的地方,当天就会告诉我们。所以如果感到身上哪里僵硬,就要把它拉开,这是最基本的。

在这里,我们主要针对的是容易僵硬的腿部和腰部。伸展运动不是锻炼肌肉,它没有所谓的锻炼的周期,不能因为昨天做了很多所以今天就休息。

**最好养成注意到僵硬就马上拉伸的习惯。当然也不要勉强,只要在自己能够做到的能力范围内坚持,身体就会渐渐恢复到柔软的状态。**心灵也会随之变得柔和。

### ①舒展双腿

仰躺着抬起一边膝盖,用双手抱住,静止5秒左右。目标是左右交替进行10次。做这个动作时也可以同时抱住双膝。

请感受从大腿内侧到臀部的肌肉正在伸展的感觉。

②变细腰部

仰躺着抬起膝盖,双膝并拢,让它们一起倒向一侧,左右方向交替进行。

注意，腰部扭转的时候，不要让两侧肩膀离开地面。

### ③提高柔韧性

另外我们也推荐"柔软体操"。坐在地板上，两腿张开，绷直膝盖，上身前屈，用手去碰触左右脚尖。

但请注意，没有必要像十几岁时在体育课上做拉伸那样用力地前屈。两腿张开时骨盆必须能够稳定地让你坐住，这是关键，所以打开90°左右就足够了。

第一章"辗转式起床"法中也提到过，这个拉伸动作也能够预防闪腰。

---

**柔韧的腰部和腿部，
才能做出敏捷利落的动作**

---

## 03  恢复干劲的"自我冥想"

**冥想是重振干劲的好方法。它能够驱散烦恼，提升幸福感。**睡前与晨起时相反，在这段时间，副交感神经占主导地位，人体免疫力提高，正是最适合缓缓平定心情的时候。

但是，并不是突然开始冥想就可以达到放空的状态。倒不如说，当我们决定什么都不想的时候，才会发现自己其实在想各种各样的事情。

正所谓"我思故我在"（笛卡尔）。杂念是我们自己的头脑所制造的。为了摆脱它们，让我们带着仿佛要灵魂离体的心情，从空中审视现在正准备进入冥想"状态"的自己的姿势吧。

首先,坐在椅子、沙发或者床上,穿自己舒服的衣服就行了。会坐禅姿势的人请那样坐。

如果姿势不稳,可以将身体向左右交替倾斜,缓慢缩小摇晃的幅度,直到安定下来为止。

接下来,用鼻子吸气,用嘴巴吐气。精神集中于自己呼吸的动作、空气进入体内后肚子的起伏,以及吸气和吐气的声音。

冥想最大的效果就是让人"感受到自己正活着的事实,并且安定心神",这正是因为冥想让我们把所有的注意力都集中在自己的呼吸上。如果已经能够将注意力集中在呼吸上了,那么接下来就要去侧耳倾听周围的声音。

精神不能集中的时候,可以试着用"数息观"这个方法计算自己呼吸的次数。数到10后,再回到最初。大概一次呼吸是10~15秒。也就是说,一分钟可以呼吸4~6次,而这要持续3~5分钟。

冥想的姿态各种各样，可以将手放在膝盖上，也可以双手交叠放在脐下三指左右的位置，或者在胸前合掌，只要是你自己觉得比较容易进入冥想状态的姿势即可。

冥想没有终点，也没有结论。当你感到自己心中产生了一种充足感，那就可以结束了。遇见你的人，能够从你身上感受到你平和丰富的内心；与你在一起，他们自己的内心也会变得越来越宽容和充裕——所以人们才那么喜爱内心安定的人。

———

寻找自己的风格，是有意义的

———

## 04  按摩脸部，关爱自己

涂抹乳液等护肤的姿态，也能够帮助我们获得内心的安宁。

当你触碰自己的脸时，请一边感受自己的体温，一边用手掌轻缓地按压，动作中要带着对自己的怜爱感。

感到平静下来后，将放在脸颊的手一点一点地移动到额头上，按摩全脸，直到感到完全舒服。额头部位的深处有前额叶，整整一天，我们都在用这里思考、判断和进行运动管理。按摩脸部和额头可以帮助我们放松，从而平复情绪。

# 第 5 章

愉快度过
一天之后的　194 ▶
结束姿态

## 05  入睡前的准备

终于要准备睡觉了,好的睡眠是保障健康的特效药。**然而随着年龄的增长,越来越难保证充足的睡眠。所以我们要调节体内的昼夜节律,也就是生物钟。**

坐在床上或者在地板上感受昏昏欲睡的感觉。把房间里的光线调暗,放松身体和心情,只是如此就会开始犯困了。

到了晚上,我们的身体会减弱脉搏、降低体温和血压等,生成褪黑素,从而告知大脑已经做好睡眠准备。

这时就不要看电脑或者智能手机的屏幕了。显示器发出的蓝光会抑制褪黑素的分泌,导致生物钟紊乱。

为了放松,在房间里使用熏香器也是不错的选择。我推荐具有安眠作用的薰衣草精油。

放松的方式因人而异,有人喜欢喝药茶,有人喜欢听纯音乐。如果养成了睡前习惯,身体就会记住这是该睡觉了的信号。理想的睡觉时间是吃完饭三小时之后,而洗澡最好放在睡前一小时到两小时之间。

**不要认为睡觉是为了第二天努力工作,这种想法不可取,反而会刺激好不容易安定下来的内心。**

每个人的睡眠姿势都有自己的风格。

不过如果起来的时候感到腰痛,那就应该试着改变睡眠姿势。

我推荐像胎儿那样蜷身侧卧的姿势。侧卧能

够减轻打鼾的问题。因为仰卧时舌头会向喉咙的方向下坠,造成呼吸气道狭窄。

至于向左侧卧还是向右侧卧,按舒适感来就好。

不过,因为一般来说心脏在身体的左侧,所以向右侧卧对心脏的负担少;而另一方面,大静脉在身体的右侧,所以向左侧卧就不会妨碍血液流动。

为了提高内心的安定感,睡前写日记也是非常值得推荐的方法。但我本人总是不能坚持。

现在我每天晚上都会写感谢笔记。记下今天关照过自己的人、发生的事情、去过的地方,等等,无论好坏只记录事实,一律报以感恩的心态,写上"谢谢"二字。好的睡眠能够帮助我们消化一切情绪。

睡前所做的一切,
都是为了能够幸福地醒来

# 尾 声

感谢你读到最后。

写这本书的时候,我一直在思考年龄的增长到底是怎么一回事。

莎士比亚的《罗密欧与朱丽叶》,讲的是一对恋人因为出身的家族互相仇恨而不能结合的悲剧。

朱丽叶说:"名字代表什么?我们所称的玫瑰,换个名字还是一样芳香。"不管两个人的家世如何,他们是因为彼此的人性而互相吸引,这是无法改变的。

年龄的增长也是一样。可以这样说:"即使年龄变了,一个人的魅力也不会变。"

据说,"老"这个字在象形字里就是一个弯腰驼背的老人拄着拐杖。

如果说衰老就是身体开始衰弱的"某个时间或期间"的话,那么这个时间或期间的起点其实是无法确定的,所以从这层意义上来说衰老也是无法定义的。如果是从寿命的角度出发,也许还能进行反向的推算,但在日常生活中,我们真的不知道是从哪里开始"变老"的。

可见,"衰老"是我们自己制造出来的与我们所认为的"年轻"相反的概念。

我怀着这样的心情,写了这本书。

希望这本书能让你的心灵和身体都健康、年轻。

在这本书的策划过程中,我从与丸山AKANE老师的讨论中获得了宝贵的建议和帮助,今泉爱子女士在本书内容结构方面提供了大力协助,NAKASHIMA KIMIKO老师为本书绘制了清新的插图。

最后，承蒙PHP研究所沼口裕美老师的关照，本书得以顺利出版。

在此向各位致以衷心的感谢。

中井信之